USAGES LOCAUX

DANS

LES CANTONS DE CHAMBERY

ET DE LA MOTTE-SERVOLEX

0 fr. 30

CHAMBÉRY

Librairie A. PERRIN

—

1906

USAGES LOCAUX

DANS

LES CANTONS DE CHAMBÉRY
ET DE LA MOTTE-SERVOLEX

Travail de la Commission instituée par arrêté de M. le Préfet de la Savoie
pour recueillir et constater les usages locaux

Séances des 13 septembre, 6 et 13 décembre 1861.

Les séances ont été présidées par M. Curtet, juge de paix du canton sud de Chambéry ; ont assisté aux séances :

1º M. Perrolaz, juge de paix du canton nord de Chambéry ;

2º M. le comte Ernest de Boigne, député au Corps législatif, membre du Conseil général ;

3º M. Avet, conservateur des hypothèques de Chambéry et membre du Conseil général ;

4º M. Mareschal, notaire ;

5º M. Gabet François, notaire ;

6º M. Cot Paul, notaire ;

7º M. Tochon Pierre, propriétaire, membre du Conseil d'arrondissement.

Au début de la séance du 13 septembre, M. le pré-sident a fait connaître les motifs de la réunion en donnant lecture de l'arrêté de M. le préfet du dépar-tement de la Savoie qui nomme membres de la Com-mission chargée de recueillir et de constater les usa-ges locaux dans les deux cantons de Chambéry, tous les membres présents et encore M. d'Alexandry, maire de la ville de Chambéry, qu'un voyage a empê-ché d'assister aux délibérations de la Commission.

Successivement, M. le président invite la Commis-sion à nommer un secrétaire ; le choix se porte sur M. Tochon, qui est immédiatement installé dans ses fonctions.

Il appelle l'attention de la Commission sur l'impor-tance du travail qui lui est demandé et lui soumet un travail préparatoire résumant les diverses questions qu'il s'agit de traiter. Il engage la discussion sur les diverses questions qui sont successivement résolues. Toutefois, la Commission décide que chacun de ses membres réunira tous les documents qu'il pourra recueillir sur les usages locaux des deux cantons, et que ces enquêtes partielles serviront à la rédaction définitive du travail demandé.

Enfin, dans ses séances des 6 et 13 décembre, la Commission adopte à l'unanimité la rédaction qui suit :

Usufruit des bois taillis.

(Art. 590 et 593 du Code Napoléon.)

Les usufruitiers, — d'après les usages constants suivis dans les deux cantons de Chambéry, lorsque leur usufruit s'exerce sur des bois taillis aménagés en coupe réglée, — doivent jouir de ces bois comme l'ancien propriétaire et ses voisins ; or, les règles les plus générales et les plus constamment suivies selon la fertilité et l'exposition du sol sont de couper le bois de verne (Aulne) de 10 à 15 ans de pousse, le bois de chêne écorcé de 18 à 25 ans de pousse, le bois blanc mêlé de 15 à 18 ans de pousse.

ÉLAGAGE, ÉMONDAGE

Les élagages se pratiquent notamment sur les arbres fruitiers, les saules, les taillis et les futaies.

Pour les arbres fruitiers, l'élagage se pratique toutes les fois que ce travail est nécessaire, et en général tous les ans. Ce travail, qui donne du reste peu de bois, consiste à enlever les branches mortes, celles inutiles ou nuisibles ; il se pratique sur les noyers principalement au moment de la récolte des fruits, et pour les arbres à pepin au printemps.

On émonde les saules pendant l'hiver qui suit la première pousse ; cet émondage consiste à débarrasser les saules de toutes les pousses trop minces et peu vigoureuses, puis à diminuer le nombre des autres, de manière à faciliter le développement de celles qui doivent former des perches.

Dans les taillis on émonde ordinairement à la 3e et à la 6e année de pousse. Ce travail consiste à débarrasser les bois de toutes les plantes parasites, à enlever les pousses faibles et traînantes, les bois morts, puis à préparer l'écorçage en élaguant la tige jusqu'à une certaine hauteur.

Dans les futaies, on nettoie les gros bois en coupant, tous les trois ans, les petits bois qui poussent dans les clairières ou au pied des gros arbres.

FEUILLERINS

Les usufruitiers, de même que tous les cultivateurs, font le feuillerin sur tous les arbres de haie et de bordures, notamment sur les diverses espèces de peupliers, les frênes, les chênes et les saules.

L'usage constant dans les deux cantons de Chambéry est de faire le feuillerin lorsque le bois a trois ans.

On le pratique, pour le frêne, le chêne et le peuplier, en septembre, soit après la sève d'août, et sur les saules de novembre à fin mars.

ECHALAS ET VIGNES BASSES

Il est d'usage, lorsqu'un propriétaire de vignes a du bois convenable pour faire des échalas, de fournir à son vigneron le bois nécessaire. Ce dernier doit le couper, le refendre en échalas et les transporter sur les lieux sans indemnité.

C'est avec le châtaignier, l'acacia et le sapin que se font ces échalas ; cependant, on en voit en saule et en verne.

CHARGES ANNUELLES D'UN USUFRUITIER

L'usufruitier est tenu de faire garder les bois sou-
mis à son usufruit, de conserver dans les coupes un
nombre suffisant de baliveaux, porte-graines, de re-
garnir les haies d'arbres lorsqu'il vient à en périr, de
faire les travaux nécessaires pour empêcher les ravi-
nements des eaux ou les éboulements de terrain, de
faire faire les coupes de bois taillis aux époques et de
la manière la plus convenable pour la conservation
des bois.

Eaux courantes.

(Art. 644 et 645 du Code civil.)

Il est d'usage reconnu dans les deux cantons de
Chambéry qu'un propriétaire riverain d'une eau cou-
rante a toujours le droit de s'en servir pour l'utilité de
ses propriétés, à moins que ce cours d'eau soit une
propriété privée.

Le plus souvent, il use de ce droit en pratiquant
sur le lit du cours d'eau un barrage sans travaux
d'art, pour opérer une légère déviation. Tous les rive-
rains en font autant.

Le cours d'eau coulant ordinairement sur des ter-
rains en pente, formant vallons, ces prises d'eau
n'ont ainsi pour effet que de détourner momentané-
ment l'eau de son lit naturel, elle y rentre insensi-
blement.

Hauteur des murs de clôture dans la ville.

(Art. 663.)

La hauteur des murs de clôture, d'après l'usage constant et suivi dans les deux cantons de Chambéry, est de 2 m. 66 c., correspondant à l'ancienne toise de Savoie.

Ces clôtures sont généralement construites en pierres dures et rarement en planches et palissades.

Distance des plantations.

(Art. 671.)

De tout temps on a suivi, pour les plantations, les distances prescrites par les lois qui ont successivement été promulguées ou suivies en Savoie.

Ainsi, avant et après l'occupation française, soit avant 1792 et de 1816 à 1838, on observait les distances prescrites par les lois romaines qui étaient, pour les arbres à haute tige, de 2 mètres ; pour les autres, 50 cent.

Pendant l'occupation française, soit du 23 septembre 1792 à 1816, les propriétaires et même les fermiers ont profité des mutations considérables qui ont eu lieu entre les possesseurs d'immeubles pour ne plus observer de distance. On plantait sur l'extrême limite de sa propriété, le voisin en faisait autant ; aussi n'est-il pas rare de trouver des lignes de gros arbres qui, par leur croissance, ont empiété sur la propriété voisine.

Depuis la promulgation du Code Albertin, en 1838, les plantations ont été faites dans les conditions de la loi qui prescrivait :

1º Pour les arbres haute tige, une distance de 3 mètres ;

2º Pour les arbres fruitiers, treilles en érable, cerisiers ou autres, 1 mètre 50 centimètres ;

3º Pour la haie vive, la treille en bois mort, ne dépassant pas 2 mètres 50 centimètres de hauteur, les distances prescrites par le Code : 50 centimètres, ont passé dans les usages des habitants des deux cantons de Chambéry.

Distance des murs de clôture.

(Art. 671.)

Les murs de clôture dans les deux cantons de Chambéry, et surtout dans cette ville et la banlieue, se font généralement sur l'extrême limite de la propriété sans observer de distance. La hauteur de ces murs est de 2 mètres 66 centimètres.

Le voisin, dans ces conditions, place les plantations qu'il fait et qui ne doivent pas dépasser la hauteur de ce mur, aussi près que possible de la clôture, sans cependant appuyer la plantation.

Constructions nuisibles.

(Art. 674.)

Les recherches de la Commission n'ont constaté aucun usage constant et suivi pour la distance observée pour les constructions nuisibles par l'article 674 du Code civil.

Locations et payements.

(Art. 1736 et 1738.)

Pour établir l'usage constant suivi dans les deux cantons de Chambéry pour la location et les payements dans les baux faits sans écrit, il faut distinguer, s'il s'agit de location de champs et jardins ou de maisons, magasins, cours, etc., etc.

POUR LES TERRES ET JARDINS

Un bail verbal est toujours sensé fait pour un an, soit la période de temps nécessaire pour cultiver et récolter ; on n'a donc jamais le droit d'expulser le fermier pendant ce laps de temps.

Si le propriétaire ou le locataire de la terre veulent résilier le bail, ils doivent se prévenir, sous peine de voir continuer le bail une seconde année.

Ces avertissements, pour être réguliers, doivent être donnés dans le courant du mois de mars si le locataire a été mis en possession de la terre à la Saint-Michel (23 septembre), et dans le courant de septembre si cette prise de possession a eu lieu en mars.

PAYEMENTS

(Art. 1753.)

En général, les locataires des terres ne payent qu'à la fin de l'année, soit un an après la prise de possession. L'époque déterminée par l'usage fixe ce payement à la Saint-André (30 novembre). Rarement, et à titre de cautionnement, le fermier paye une année d'avance, ou six mois à la Saint-Jean et six mois à la Saint-André. Les payements par semestre se pratiquent spécialement pour la petite location des champs et jardins.

Tacite reconduction.

(Art. 1758.)

Il est d'un usage constant et reconnu dans les deux cantons de Chambéry que, pour la location de terre, la tacite reconduction est toujours limitée à une année et l'expiration du bail a pour effet d'en conserver les conditions générales tout en ramenant le locataire aux conditions d'un bail verbal pour la durée et les conditions d'avertissement qui, comme nous l'avons dit, doit être donné en mars et septembre, sous peine de voir prolonger le bail verbal d'une année.

Que pour les appartements, magasins et chambres garnies, le locataire paye par avance un mois, trois mois, six mois et rarement une année.

S'il n'y a pas de bail écrit, les parties peuvent toujours quitter les locaux loués en se prévenant réciproquement *avant l'expiration de la moitié du loyer* payé par anticipation ; s'ils laissent passer ce délai, ils doivent achever la location payée, puis payer de nouveau la moitié d'un loyer et sortir ensuite.

Ainsi, un locataire qui paye 200 fr. en entrant pour une location de 400 fr. par an, s'il veut sortir au bout de six mois, doit prévenir le propriétaire avant l'expiration du troisième mois ; s'il laisse passer ce délai, il devra, à l'expiration des six mois du payement effectué, payer 100 fr. pour trois mois et sortir seulement alors, soit au bout de neuf mois.

S'il ne constate pas que le bail a été fait à tant par an, par trimestre ou par mois, c'est le reçu ou la constatation d'un payement des termes échus qui indique la volonté des parties.

(Art. 1759.)

Si, à l'expiration d'un bail écrit, il n'est pas renouvelé et que le locataire continue à rester, il tombe dans les conditions d'une location verbale ; on lui doit alors l'avertissement dans les conditions indiquées ci-dessus.

Le locataire sortant ne peut s'opposer à laisser visiter les lieux par les personnes qui viennent dans l'intention de lui succéder. Une heure convenable et deux ou trois jours de la semaine devront être choisis pour cela.

Réparations locatives.

(Art. 1754, 1755.)

La Commission, malgré les recherches auxquelles elle s'est livrée, n'a pu découvrir aucun usage spécial pour les réparations mises à la charge du locataire dans les deux cantons de Chambéry.

Obligations des fermiers entrant et sortant.

(Art. 1777.)

Il est d'un usage constant et reconnu dans les deux cantons de Chambéry que le fermier sortant doit fournir au fermier entrant :

1º Un local pour se loger et préparer ses aliments ;

2º Une place dans les étables pour loger les animaux destinés à donner des façons à la terre et remiser les outils aratoires ;

3º Vider les locaux en temps utile pour que celui qui arrive puisse y retirer ses denrées de toute nature ;

4º S'il conserve les animaux au-delà du 24 juin, il doit lui fournir la nourriture pour les animaux de travail qu'il amène sur la ferme pour préparer les semailles d'automne, et lui indiquer où il peut en couper ;

5º Il doit laisser au fermier entrant le bois de chauffage qui restera disponible.

LE FERMIER ENTRANT,

S'il prend les animaux au 24 juin, doit :

1º Prêter ses animaux de travail pour rentrer la récolte du fermier sortant ;

2° Nourrir les animaux que ce dernier emploie pour enlever ses récoltes et son mobilier et conduire le tout dans sa nouvelle résidence ; cette nourriture se fait sur place. Il ne peut, dans aucun cas, emporter des fourrages pour les nourrir hors de la ferme.

Des domestiques et employés.

Il est d'un usage constant dans les deux cantons de Chambéry :

1° Que les domestiques engagés à l'année ne peuvent être renvoyés sans motifs légitimes avant l'expiration de ce délai, de même qu'ils ne peuvent volontairement quitter la ferme ;

2° Que la cuisinière, notamment à Chambéry, la femme de chambre, les cochers et autres employés peuvent être renvoyés ou quitter leur maître au moyen d'un avis préalable de huit jours, bien que, dans leur engagement, on leur ait fixé un appointement de tant par an ;

3° Qu'il est d'usage de donner des arrhes en engageant un domestique ; que ces arrhes doivent être doublées si celui qui les a reçues renonce à la place qu'il a acceptée ; qu'elles sont perdues pour le maître si c'est le maître qui refuse de recevoir son domestique ;

4° Que le scribe, le facteur ou autre employé d'un ordre supérieur payé et engagé par quinzaine ou par mois, ne peuvent être renvoyés sans un avertissement préalable ; que cet avertissement est d'un mois si

l'employé est au mois, de quinze jours ou huit jours
s'il est engagé et payé par quinzaine ou semaine ; que
l'on peut toujours se dégager de cet avertissement
en payant à l'employé, à titre d'indemnité, la durée de
l'avertissement.

Glanage. -- Vaine pâture. -- Parcours.

GLANAGE

Le glanage n'est un droit nulle part dans les deux
cantons de Chambéry ; c'est par simple tolérance ou
par charité que les propriétaires permettent de glaner,
après la récolte des céréales, des noix, des châtaignes
et des vignes basses.

Le glanage est si peu un droit que, le plus souvent,
le propriétaire a des protégés qui viennent l'aider à
engerber son blé, auxquels il permet, pour tout
salaire, le glanage après l'enlèvement de la récolte.

VAINE PATURE

La vaine pâture n'est un droit dans les deux cantons
de Chambéry qu'autant qu'il repose sur un titre ; elle
s'exerce dans les marais et les prairies à titre de pure
tolérance, après la récolte des blaches et des foins
maigres ; elle cesse lorsque la végétation com-
mence ; mais ni le berger qui y conduit son troupeau,
ni le propriétaire qui y permet le pâturage, ne consi-
dèrent la vaine pâture qui en est l'objet comme un
droit, et s'il le juge convenable, il la défend.

Le parcours n'a lieu nulle part chez nous, pour la raison bien simple qu'il ne peut s'exercer que sur des grandes surfaces et que nos terres sont tellement divisées, qu'on ne pourrait conduire un troupeau sur un champ sans endommager celui du voisin.

Récolte de fruits tombants.

Il est d'un usage constant et reconnu dans les deux cantons de Chambéry, que la récolte des fruits tombant dans la propriété du voisin se fait par le propriétaire de l'arbre, à moins que le fond sur lequel ils tombent ne soit clos de murs.

Quant à la feuille, elle est recueillie par le propriétaire du terrain sur lequel elle est tombée.

Bail à Métairie.

Le bail à métairie est généralement adopté pour toutes les petites exploitations dans le département de la Savoie.

Le métayer entre, comme le fermier, à la Saint-Jean ou à la Saint-Michel. Son devoir est de soigner les terres du propriétaire, de lui donner la moitié des récoltes de toute nature et de les conduire où elles sont vendues.

Les charges, notamment les impositions, sont payables par moitié. S'il devient nécessaire d'acheter des litières, des fourrages ou de l'engrais, cette dépense se fait par moitié.

Les ustensiles aratoires sont entretenus par le fermier sans le concours du propriétaire.

Le métayer, à sa sortie, doit représenter les outils aratoires en nature ou en argent, de manière à retrouver le prix qu'ils avaient lors de la remise qui lui en a été faite.

Le métayer doit exécuter les ordres du propriétaire qui conserve, dans ce genre d'exploitation, la direction du travail.

Le métayer ne peut ni vendre, ni acheter, ni échanger les animaux de l'exploitation sans le consentement du propriétaire ; l'un et l'autre supportent par moitié les pertes qu'on éprouve sur les animaux, comme aussi ils participent dans la même proportion aux bénéfices qu'on réalise sur eux.

Le métayer ne peut vendre ni fourrages, ni engrais, ni bois ; il ne peut dessoler ni rompre les prairies naturelles ou artificielles qui doivent durer plus longtemps que le bail ; c'est le propriétaire seul qui fournit la semence.

Le métayer ne peut se servir des animaux de l'exploitation en dehors de ses besoins ; il ne peut, par conséquent, travailler pour ses voisins, et s'il le fait avec le consentement du propriétaire, il lui doit la moitié des sommes qu'il a gagnées.

Ventes.

(Art. 1587.)

Il est d'un usage constant et généralement suivi dans les deux cantons de Chambéry de déguster les spiritueux qu'on est dans l'usage de boire, tels que les eaux-de-vie de marc, le cognac, le rhum, le kirsch et autres du même genre.

Il est d'usage dans toutes les communes vinicoles des deux cantons de Chambéry que le fût n'est pas compris dans la vente du vin y contenu.

Fait et clos à Chambéry, le 14 décembre 1864.

Ont signé à l'original :

MM. P. TOCHON, — Comte DE BOIGNE Ernest, — A. AVET, — M. MARESCHAL, — Paul COT, — François GABET, — PERROLAZ, — CURTET.

On trouve à la LIBRAIRIE PERRIN

A CHAMBÉRY

Tables pour le cubage des bois en mètres (grume
et équarris), édition de poche, brochée...... 1 40
                        Cartonnée................. 1 75

*Tables de réduction des anciennes mesures de
Savoie en mesures métriques et vice-versâ,*
suivies d'un *Tableau de conversion de la valeur
du journal en celles des mesures décennales,*
édition de poche, brochée 0 80

*Série officielle des prix applicables aux ouvrages
du bâtiment, de la voirie et des eaux.* Nouvelle
édition publiée par la Ville de Chambéry.
Format de poche, broché .... 12 »
Format de bureau, cartonné .... 10 »

Tous ces ouvrages sont rendus FRANCO
contre leur montant en mandat ou timbres-poste.

www.ingramcontent.com/pod-product-compliance
Lightning Source LLC
Chambersburg PA
CBHW060721280326
41933CB00013B/2513